GOOD KARMA BOX

STÉPHANIE ABELLAN

LA PENSÉE POSITIVE DU JOUR

La colère est un volcan en sommeil qui est seulement réveillé par l'autre. Personne ne peut « vous mettre en colère ». L'autre permet juste à vos émotions enfouies d'entrer en éruption pour vous signaler que vous vous consumiez à petit feu et que vous acceptiez quelque chose d'inacceptable pour vous.

RECONNEXION

GOOD KARMA BOX

GOOD KARMA BOX

STÉPHANIE ABELLAN

LA PENSÉE POSITIVE DU JOUR

La manipulation est une forme de contrôle utilisée par votre enfant intérieur soit pour attirer l'attention, soit pour être aimé et pour s'apaiser. Consolez-le et reprenez les rênes : vous êtes un adulte qui veut être aimé pour ce qu'il est réellement.

ALIGNEMENT À SOI

GOOD KARMA BOX

GOOD KARMA BOX

STÉPHANIE ABELLAN

LA PENSÉE POSITIVE DU JOUR

La solitude est un sentiment qui peut nous donner l'impression que nous sommes éloignés de l'autre alors que, en réalité, la solitude est seulement l'émotion inventée pour nous montrer que nous étions déjà coupé du monde, car trop enfermé dans notre propre souffrance.

RECONNEXION

GOOD KARMA BOX

GOOD KARMA BOX

STÉPHANIE ABELLAN

LA PENSÉE POSITIVE DU JOUR

Parfois, rester dans une situation douloureuse est moins difficile que de prendre la décision de la quitter. Respectez votre timing interne : si vous n'êtes pas prêt, ce n'est pas le bon moment. Au moment opportun, vous aurez les ressources nécessaires et le courage pour le faire.

ALIGNEMENT À SOI

GOOD KARMA BOX

GOOD KARMA
BOX
STÉPHANIE ABELLAN

LA PENSÉE POSITIVE DU JOUR

La souffrance est comme un précipice dans lequel on se jette par peur de souffrir : vérifiez que vos actions vous dirigent vers ce que vous voulez et non pas vers ce que vous craignez.

ALIGNEMENT À SOI

GOOD KARMA BOX

GOOD
KARMA
BOX
STÉPHANIE ABELLAN

LA PENSÉE POSITIVE DU JOUR

Si vous pensez avoir fait de votre mieux, alors n'ayez aucun regret sur la finalité des évènements. Personne ne peut aller au-delà de ses propres limites. Vous pouvez, en revanche, utiliser les erreurs d'aujourd'hui pour réaliser les exploits de demain. Soyez patient : celui qui réussit est celui qui n'abandonne jamais.

RECONNEXION

GOOD KARMA BOX

GOOD KARMA BOX

STÉPHANIE ABELLAN

LA PENSÉE POSITIVE DU JOUR

Votre beauté est plus que votre enveloppe corporelle. Elle est l'addition de votre bonté, de votre gentillesse et de votre amour pour l'autre. Quand vous êtes face à différentes personnes, souvenez-vous que vous êtes tout cela et levez la tête : vous êtes magnifique.

RECONNEXION

GOOD KARMA BOX

GOOD
KARMA
BOX
STÉPHANIE ABELLAN

LA PENSÉE POSITIVE DU JOUR

La notion de sécurité n'existe pas. Vous n'êtes pas plus à l'abri en CDI qu'en intérim, en couple que célibataire. Lorsque la vie vous chamboule, elle bouscule tout. Faites en sorte que vos choix soient des choix de cœur et non de raison.

INSPIRATION

GOOD KARMA BOX

GOOD
KARMA
BOX
STÉPHANIE ABELLAN

LA PENSÉE POSITIVE DU JOUR

Votre dialogue intérieur est soit un amplificateur de reproches, soit un booster de projets. La bonne nouvelle, c'est que c'est vous qui possédez la télécommande et qui choisissez le programme !

INSPIRATION

GOOD KARMA BOX

GOOD KARMA
BOX
STÉPHANIE ABELLAN

LA PENSÉE POSITIVE DU JOUR

L'authenticité requiert du courage, car elle invite à dévoiler ses faiblesses, sa vulnérabilité et ses blessures. En les cachant vous n'êtes personne, en les dévoilant, vous êtes cet être formidable qui fait une différence en ce monde : vous êtes **VOUS**.

INSPIRATION

GOOD KARMA BOX

GOOD KARMA BOX
STÉPHANIE ABELLAN

LA PENSÉE POSITIVE DU JOUR

Certaines rencontres sont tellement douloureuses qu'on en oublie le « pourquoi ». Ce n'est que lorsque vous aurez avancé sur le chemin que vous comprendrez qu'elles n'étaient qu'une partie du puzzle. Une fois reconstitué, tout sera plus clair et vous ne changeriez votre chemin de vie pour rien au monde, car c'est tout cela qui vous aura mené ici.

RECONNEXION

GOOD
KARMA
BOX
STÉPHANIE ABELLAN

LA PENSÉE POSITIVE DU JOUR

Ne pas céder aux énergies extérieures signifie ne pas rendre la méchanceté, la malhonnêteté ou la violence. On accepte que l'autre ait un tumulte intérieur avec lequel nous n'avons aucun lien. On accepte de ne pas être concerné et de rester dans notre bulle de paix et de sérénité.

ALIGNEMENT À SOI

GOOD KARMA BOX

GOOD KARMA BOX

STÉPHANIE ABELLAN

LA PENSÉE POSITIVE DU JOUR

Toutes les amitiés ne peuvent durer éternellement. Les gens entreront et sortiront de votre vie pour en varier le rythme. Imaginez, une vie au son d'un seul et même instrument ? Acceptez ces changements, ils font toute la beauté de la symphonie.

ALIGNEMENT À SOI

GOOD KARMA
BOX
STÉPHANIE ABELLAN

LA PENSÉE POSITIVE DU JOUR

Être soi et ne pas cacher ses failles et sa vraie personnalité c'est aussi autoriser l'autre à être lui-même. C'est permettre à chacun de tomber les masques et cesser les jeux d'acteur pour de vraies relations authentiques.

INSPIRATION

GOOD KARMA BOX

GOOD KARMA BOX

STÉPHANIE ABELLAN

LA PENSÉE POSITIVE DU JOUR

Chaque problème trouve sa solution. Certaines sont faciles et salutaires, d'autres sont lourdes et entraineront des sacrifices et des retards. Mais chaque problème a sa porte de sortie et ne dure jamais.

INSPIRATION

GOOD KARMA BOX

GOOD KARMA BOX

STÉPHANIE ABELLAN

LA PENSÉE POSITIVE DU JOUR

La plainte et la critique sont deux ennemies que vous devez garder hors de votre foyer. Ne les laissez pas entrer lorsqu'elles frappent à votre porte, elles n'ont rien de nouveau à vous dire et vous feront perdre votre temps. Gardez votre taux vibratoire haut et restez dans des énergies positives.

ALIGNEMENT À SOI

GOOD KARMA BOX

GOOD KARMA BOX

STÉPHANIE ABELLAN

LA PENSÉE POSITIVE DU JOUR

Nos pensées dirigent notre train de vie.
Vous pouvez tomber en panne, dérailler, changer de direction, mais vous ne quitterez jamais le wagon. Alors soyez celui qui décide de la destination.

INSPIRATION

GOOD KARMA BOX

GOOD
KARMA
BOX
STÉPHANIE ABELLAN

LA PENSÉE POSITIVE DU JOUR

Nos pensées sont tels des milliards de grains de sable : vous pouvez les laisser vous recouvrir et suffoquer ou vous pouvez les utiliser pour bâtir un monde et vous élever.

INSPIRATION

GOOD KARMA BOX

STÉPHANIE ABELLAN

LA PENSÉE POSITIVE DU JOUR

Depuis que vous avez ouvert les yeux ce matin, votre corps physique n'a eu de cesse de veiller sur vous, de vous maintenir en vie, de vous protéger et de vous immuniser. Rendez-lui grâce en le respectant et en l'honorant.

RECONNEXION

GOOD KARMA BOX

GOOD KARMA
BOX

STÉPHANIE ABELLAN

LA PENSÉE POSITIVE DU JOUR

Dans la vie, personne ne change. Nous enlevons plutôt des masques, ceux que nous portions pour camoufler notre vraie identité. Nous délaissons les attitudes et les parades qui nous servaient de murs de protection. Personne ne change, mais chacun trouve le courage de se montrer tel qu'il est vraiment.

ALIGNEMENT À SOI

GOOD KARMA BOX

GOOD
KARMA
BOX
STÉPHANIE ABELLAN

LA PENSÉE POSITIVE DU JOUR

Chaque matin, nous avons deux choix : créer ou ressasser. Cela se décidera sur les premières notes de musique jouées au lever. Choisissez-les avec attention sinon vous jouerez cette même partition tout au long de la journée.

INSPIRATION

GOOD KARMA BOX

GOOD KARMA
BOX
STÉPHANIE ABELLAN

LA PENSÉE POSITIVE DU JOUR

Le lâcher-prise réside dans le fait d'accepter de ne plus forcer : les diktats du poids, les relations, le boulot qui met le moral à zéro... Lâcher prise, c'est aller vers l'évidence, ce qui se fait simplement, sans heurt.

INSPIRATION

GOOD KARMA BOX

GOOD KARMA
BOX
STÉPHANIE ABELLAN

LA PENSÉE POSITIVE DU JOUR

Ce que l'on pense être une mauvaise chose peut en réalité être une bénédiction. En ayant un point de vue neutre et confiant sur la vie, vous acceptez que chaque chose arrive pour une raison et pour votre plus grand bien. Tout est toujours parfait.

ALIGNEMENT À SOI

GOOD KARMA BOX

GOOD KARMA BOX

STÉPHANIE ABELLAN

LA PENSÉE POSITIVE DU JOUR

Votre projet de vie est comme un bébé. Est-il nourri ? Hydraté ? Stimulé ? Ou dort-il dans un coin en attendant que quelqu'un s'occupe de lui ?

INSPIRATION

GOOD KARMA BOX

GOOD KARMA BOX

STÉPHANIE ABELLAN

LA PENSÉE POSITIVE DU JOUR

Chaque parent est un enfant qui n'a pas résolu ses problèmes avec ses propres parents.
Consolez votre enfant intérieur et pardonnez à vos proches de ne pas avoir su en faire autant.

RECONNEXION

GOOD KARMA BOX

GOOD KARMA BOX

STÉPHANIE ABELLAN

LA PENSÉE POSITIVE DU JOUR

Quand il y a un doute, il n'y a pas de doute. Pourquoi forcer une relation en espérant la faire entrer dans le moule de vos attentes ? La bonne relation sera facile, évidente et coulera de source. Cherchez l'évidence, pas la résignation.

ALIGNEMENT À SOI

GOOD KARMA BOX

GOOD KARMA BOX

STÉPHANIE ABELLAN

LA PENSÉE POSITIVE DU JOUR

Lorsque l'on se défait de nos attentes, nous autorisons la vie à nous donner ce qui est bon pour nous. Car ce que nous voulons n'est pas toujours ce qui nous rendrait le plus heureux.

RECONNEXION

GOOD KARMA BOX

GOOD KARMA BOX

STÉPHANIE ABELLAN

LA PENSÉE POSITIVE DU JOUR

Vous méritez ce que vous désirez. La souffrance et le mérite sont deux énergies que vous devez décider de séparer en conscience dès aujourd'hui.

VOUS MÉRITEZ.

RECONNEXION

GOOD KARMA BOX

GOOD
KARMA
BOX
STÉPHANIE ABELLAN

LA PENSÉE POSITIVE DU JOUR

Nos angoisses et nos regrets prennent place dans le futur ou dans le passé. Si l'on s'ancre dans ce moment précis, là, maintenant, plus rien n'existe : nous sommes juste là, serein, en vie. Se détacher de la peur du lendemain et du souvenir douloureux de l'ancien est encore la meilleure façon de s'autoriser à être heureux.

ALIGNEMENT À SOI

GOOD KARMA BOX

GOOD KARMA BOX

STÉPHANIE ABELLAN

LA PENSÉE POSITIVE DU JOUR

Ce qui compte ce n'est pas la chute mais le rebond. Vous tomberez, vous retomberez, et à ce moment-là, vous aurez le choix entre rester à terre et en vouloir à celui qui vous a poussé, ou vous relever et travailler sur les appuis qui vous ont fait défaut au moment de vous soutenir.

ALIGNEMENT À SOI

GOOD KARMA BOX

GOOD KARMA BOX

STÉPHANIE ABELLAN

LA PENSÉE POSITIVE DU JOUR

Nous pouvons être celui qui met fin à des années de schémas transgénérationnels caducs et souffrants. Nous pouvons voir d'un œil extérieur et décider que ces mémoires ne nous appartiennent plus. Il est toujours temps de stopper le malheur quand on décide que l'on ne veut plus cheminer à ses côtés.

RECONNEXION

GOOD KARMA BOX

GOOD KARMA BOX

STÉPHANIE ABELLAN

LA PENSÉE POSITIVE DU JOUR

Si vous êtes entouré de lavande, alors vous sentirez la lavande. N'oubliez pas que vos relations, quelles qu'elles soient, déteignent sur vous. Elles augmentent ou baissent votre taux vibratoire. Privilégiez un entourage qui vous tire vers le haut et vous fait vous sentir bien.

ALIGNEMENT À SOI

GOOD KARMA BOX

GOOD
KARMA
BOX
STÉPHANIE ABELLAN

LA PENSÉE POSITIVE DU JOUR

Lorsque l'on vous a fait du mal, ne cherchez pas la vengeance. La roue du karma tourne et s'arrête au bon moment sur celui qui a fauté. Gardez votre énergie pour la mise en place de vos projets, c'est ce qui vous fera grandir et évoluer.

ALIGNEMENT À SOI

GOOD KARMA BOX

GOOD KARMA BOX

STÉPHANIE ABELLAN

LA PENSÉE POSITIVE DU JOUR

Il faut commencer d'où vous êtes, avec ce que vous avez et comme vous le pouvez. Attendre que toutes les conditions soient réunies est illusoire. Pour réussir un projet, il faut l'audace et l'inconscience de celui qui n'a rien à perdre et tout à gagner.

INSPIRATION

GOOD KARMA BOX

GOOD KARMA
BOX
STÉPHANIE ABELLAN

LA PENSÉE POSITIVE DU JOUR

Chaque âme a un niveau de conscience différent. Peut-être que la personne qui vous fait souffrir est à l'école maternelle de la vie. Prenez vos distances lorsque vous ressentez que l'écart est trop important. Laissez-lui le temps de faire ses classes pour mieux vous retrouver.

ALIGNEMENT À SOI

GOOD KARMA BOX

GOOD
KARMA
BOX
STÉPHANIE ABELLAN

LA PENSÉE POSITIVE DU JOUR

Personne ne peut vous dire ce que vous devez faire.
Personne ne devrait remettre en question ce que vous ressentez.
Personne ne devrait vous faire douter de ce que vous êtes et de ce que vous voulez.

INSPIRATION

GOOD KARMA BOX

GOOD KARMA BOX

STÉPHANIE ABELLAN

LA PENSÉE POSITIVE DU JOUR

Chaque rencontre a son importance. N'en regrettez aucune, pas même les plus fracassantes : à l'image de milliers de rails qui aiguillent ou déroutent votre destin, elles vous ont mené là où vous êtes aujourd'hui.

INSPIRATION

GOOD KARMA BOX

GOOD KARMA BOX

STÉPHANIE ABELLAN

LA PENSÉE POSITIVE DU JOUR

L'amour de soi, c'est apprendre à se respecter : comme si cette faim d'amour pouvait être rassasiée dans le frigo de l'autre. Apprenez à cuisiner pour vous et à être votre principale source d'approvisionnement car personne ne tolérera que vous mangiez dans son assiette en continu.

ALIGNEMENT À SOI

GOOD KARMA BOX

GOOD
KARMA
Box
STÉPHANIE ABELLAN

LA PENSÉE POSITIVE DU JOUR

Personne ne peut vous voler ce qui n'est pas à vous. **Personne** ne peut vous prendre ce qui vous est destiné. Ce qui est pour vous vous trouvera. Ce qui n'a jamais été pour vous se perdra. Lâchez prise et faites confiance à la valse de la vie.

INSPIRATION

GOOD KARMA BOX

GOOD KARMA BOX

STÉPHANIE ABELLAN

LA PENSÉE POSITIVE DU JOUR

Le retard, lorsqu'il concerne quelque chose que l'on veut réellement, peut rendre aigri ou impatient. Mais, souvenez-vous : chaque retard a une raison d'être, soit il vous prémuni de quelque chose de négatif, soit il répond à votre manque de lâcher-prise. Acceptez de ne plus « vouloir » et laissez les miracles se produire au bon moment.

INSPIRATION

GOOD KARMA
BOX
STÉPHANIE ABELLAN

LA PENSÉE POSITIVE DU JOUR

Vous ne pouvez éviter ce que vous devez vivre.
Vous ne pouvez éviter la confrontation avec vos peurs, vos démons et vos souffrances, car là se trouve la clef de votre libération.

ALIGNEMENT À SOI

GOOD KARMA BOX

GOOD KARMA
BOX
STÉPHANIE ABELLAN

LA PENSÉE POSITIVE DU JOUR

L'on minimise souvent la puissance et la créativité. Laissez-les aux commandes et elles vous porteront dans des lieux imaginaires. Elles trouveront pour vous la solution à vos « pourquoi ».

INSPIRATION

GOOD KARMA BOX

GOOD KARMA
BOX
STÉPHANIE ABELLAN

LA PENSÉE POSITIVE DU JOUR

Peu importe avec quelle intensité vous tombez à terre, il y aura toujours quelqu'un – même une seule personne –, qui sera là pour vous aider à vous relever. Seulement, parfois, nous sommes tellement occupés à revivre la chute que nous ne la voyons même pas.

RECONNEXION

GOOD KARMA BOX

GOOD
KARMA
Box
STÉPHANIE ABELLAN

LA PENSÉE POSITIVE DU JOUR

Et si, chaque jour, l'on pensait à œuvrer pour l'autre ? Si l'on décidait de cumuler les petites actions qui redonneraient foi en l'avenir autour de nous ? Et si on laissait cette impulsion du cœur rayonner et se diffuser à travers le monde ?

INSPIRATION

GOOD KARMA BOX

GOOD KARMA BOX
STÉPHANIE ABELLAN

LA PENSÉE POSITIVE DU JOUR

La raison d'un malheur est la non-acceptation de sa finalité. Choisissez d'être OK avec les évènements et acceptez que du bon arrive juste après, les énergies sont comme des vases communicants : quand vous lâchez prise, ce que vous désirez vient à vous.

RECONNEXION

GOOD KARMA BOX

GOOD KARMA
BOX
STÉPHANIE ABELLAN

LA PENSÉE POSITIVE DU JOUR

Être soi c'est accepter le fait que nos parts d'ombre existent au même titre que nos parts de lumière. C'est ne pas refouler nos défauts et accueillir leur présence tout au long du cheminement qui nous fera choisir la lumière à l'ombre.

INSPIRATION

GOOD KARMA BOX

GOOD
KARMA
BOX
STÉPHANIE ABELLAN

LA PENSÉE POSITIVE DU JOUR

Vous ne le savez peut-être pas mais, quelque part dans ce monde, vous êtes un modèle et une source d'inspiration pour quelqu'un. Vous possédez des qualités ou des aptitudes que certains envient. Souvenez-vous lorsque vous doutez de vous-même que vous êtes l'exemple d'un autre.

INSPIRATION

GOOD KARMA BOX

GOOD
KARMA
BOX
STÉPHANIE ABELLAN

LA PENSÉE POSITIVE DU JOUR

Votre esprit vous fera croire que vous stagnez ou que vous régressez, alors qu'en réalité vous vous enfoncez plus profondément dans la connaissance de votre être, bien décidé à retirer encore une couche de souffrance. Continuez : vous traversez une nouvelle étape de votre libération.

RECONNEXION

GOOD KARMA BOX

GOOD KARMA
Box
STÉPHANIE ABELLAN

LA PENSÉE POSITIVE DU JOUR

Il n'y a pas de personnes inaptes ou sous-douées, il n'y a que des personnes qui ne sont pas au bon endroit et ne font pas la bonne chose. Trouvez votre pourquoi et vous trouverez votre place, alors vos compétences se révèleront d'elles-mêmes.

INSPIRATION

GOOD KARMA BOX

GOOD
KARMA
BOX
STÉPHANIE ABELLAN

LA PENSÉE POSITIVE DU JOUR

La seule façon de donner du sens à sa vie est de donner du sens à ses actes : être aligné à ce que l'on pense, à ce que l'on dit et à ce que l'on fait. Sinon, nous passons une vie avec un triple discours intérieur dans lequel nous nous perdons nous-mêmes.

INSPIRATION

GOOD KARMA BOX